Eintagsfliegen

GEDICHTE
HANS SCHMALISCH

ILLUSTRATIONEN
JÖRG PARSCHAU

© 2019 Hans Schmalisch

Illustration: Jörg Parschau

Herausgeber: Stephan Kinkele

Verlag und Druck: tredition GmbH, Halenreie 40-44, 22359 Hamburg

ISBN Taschenbuch: 978-3-7482-3275-9

ISBN Hardcover: 978-3-7482-3276-6

Bibliografische Information der Deutschen Nationalbibliothek:

Die Deutsche Nationalbibliothek verzeichnet diese Publikation in der Deutschen Nationalbibliografie; detaillierte bibliografische Daten sind im Internet über http://dnb.d-nb.de abrufbar.

Eintagsfliegen

Was hilft es Dir,
Du wüßtest von mir,
wo und wann ich geboren,
die ersten Zähne verloren,
wer meine Lieblingsgruppe,
ob Bohnen ich esse, ob Zwiebelsuppe.
Oder wenn ich Dir sag',
welche Tiere ich mag,
ob ich Schwimmer, Flieger, ob Reiter
und so weiter.
Das alles ergibt nicht ein Bild von mir.
Darum rate ich Dir:
Um von mir was zu wissen,
wirst Du aufpassen müssen,
wann ich lache,
Handstand mache,
die Haare mir raufe,
barfuß laufe,
welche Lieder ich singe,
ob ich Blumen mitbringe,
warum ich denn weine,
ob Träume ich habe oder auch keine,
und ob, das ist besonders wichtig
ich Streiche führe im Schilde.
Wenn Du das rauskriegst,
dann liegst Du richtig
dann bist Du im Bilde.

INHALTSVERZEICHNIS

Hinter Heckenrosenhecken   9

Was wollt ich dir nicht alles schenken   11

Ein Stück der Sonne solltest Du bekommen   12

Ich hätt den ganzen Tag nicht an Dich
denken dürfen!   13

Da ragt ein Wunsch in mich hinein   14

Nicht den geringsten Teil   15

Schließ ich die Lider   16

Da war mal eine Maus   18

Für Friederike   19

Amseln, Drosseln, Lerchen, Finken   20

Da war ein Elefant   21

Kann ein Nashorn sich die Nase putzen   23

„Ich," sprach der Spatz zu dem Fasan   25

Wir sind gewohnt, mit Schwund zu leben   27

Ein Floh   30

Ich möchte gern ein Vogel sein   32

Na, was kann ich für Sie tun?   33

Hoffentlich muß ich nicht wieder   35

Ich geh'nachher zu Hertha hin   37

Nun ist ja bald Gemeindewahl   39

Kreisparteitag   43

Geliebte Tante Erika!   47

Wasen putzen, Lieder singen   50

Ein Regenwurm verbrachte seine Langeweile   54

Die Pusteblume Löwenzahn   56

Brief des Hetlinger Storches vom 2.4.87
an seine Frau in Afrika   59

AUFRUF AN ALLE MAULWÜRFE!   62

Das Warzenschwein   64

Spatzenliebe 70

Eintagsfliegen 75

Ich habe mich endlich getraut 82

Ich sah Dich beim Nachbarn 84

Vom Himmel die Sterne 86

Du wolltest Kettenkarusell 89

Hast Du über den Vollmond gelesen? 91

Nicht, daß mich Dein Schnarchen störte 93

Sie wogte wenn sie wollte 94

Deine Fürsorge 95

Hinter Heckenrosenhecken

Hinter Heckenrosenhecken
Unsinn verstecken
sich mit einander verquatschen
durch Pampe matschen
und sich entdecken

In den Sumpfdotterblumendüften
Geheimnisse lüften
einander erkennen
beim Namen nennen
und zusammenklüften

Unter Blätterblütenbäumen
Regen erträumen
sich ineinander ergießen
aus dem Boden sprießen
und überschäumen

Auf vollen Wolken wiegen
die Zeit verbiegen
sich für einander verschenken
in die Tiefe senken
und vorüberfliegen

9

Zwischen Sommersonnenstrahlen
mit dem Glück prahlen
sich ineinander verschweben
vertun und verleben
und sich vermalen

Durch moosüberwachsene Mauern
den Tod belauern
sich aneinander verranken
verhauchen und danken
und nichts, aber auch nichts bedauern

Was wollt ich Dir nicht alles schenken

Was wollt ich Dir nicht alles schenken,
doch nichts war gut genug für Dich,
ich hatte jedes Mal Bedenken,
das, was ich suchte, fand ich nicht.

Es war zuweilen zum Zerplatzen!
Den Sonnenschein verkauften sie nur nach Gewicht,
ein Stück vom Himmel ohne Spatzen
und Heckenrosenblüten gab es nicht.

An allen Sachen waren Mängel:
der Sommerwind war schlecht verpackt,
der Schnee war viel zu kalt für Engel,
der Wind vom Meer pfiff viel zu abgehackt.

Die Regenbogen waren viel zu grell,
das Blätterrascheln nur play-back,
und Wolken gab's nur noch in hell,
und tütenweise nur noch Matsch und Dreck.

Das Sonderangebot an Mondscheinnächten
war ohne Nachtigallenaufforderungsgesang
und außerdem von diesen schlechten,
Du weißt, die dauern nur minutenlang.

Und Träume gab es ohne Garantie,
(hätt' ich die etwa schenken sollen?)
und diese Augenzukommphantasie
verkauften sie, stell Dir mal vor, in Abreißrollen.

Es hat nicht sollen sein, sö'n Mist.
(Selbst grüne Nächte waren nicht mehr da!)
Ich hoffe nur, daß Du nicht traurig bist,
und Dich vertrösten läßt auf nächstes Jahr.

Ein Stück der Sonne solltest Du bekommen

Ein Stück der Sonne solltest Du bekommen
von mir, doch leider nicht gelang mir dies,
denn grad bevor ich bei ihr angekommen,
sie sich ins Wasser fallen ließ.

Darauf war ich dann wild entschlossen,
dir von dem Meer was mitzubringen,
durch die Finger ist es mir geflossen.
Es tut mir leid, es wollte nicht gelingen.

Dann griff ich mir vom Wind ein Stück,
ein leichter Wind, ein sanfter, netter,
doch aus der Tasche an die Luft zurück
entwich er mir, zum Donnerwetter!

Nur dieser Stein, der blieb mir nach,
geheimnisvoll, als noch das andere ihn ergänzte,
nun weißt Du nicht, wie tausendfach
er in dem Meer, dem Wind und in der Sonne glänzte.

Ich hätt den ganzen Tag nicht an Dich denken dürfen!

Ich hätt den ganzen Tag nicht an Dich denken dürfen!
Bei jedem Schritt warst Du dabei,
unten am Strand und jetzt beim Kaffee schlürfen
und spürst Du meine Beine, fast wie Blei.

Als ich die Heckenrose sanft berührte,
hast Du Dir hoffentlich die Hand nicht aufgeritzt,
und als ich meinen Kaffee rührte,
hab' ich Dein Kleid versehentlich bespritzt?

Ich hoffe, es war keine Last für Dich
mit mir so weit hinauszugehen,
und spürtest Du, wie mich die Angst beschlich,
am Ende doch alleine dazustehen?

Jetzt neigt der Tag dem Ende sich,
komm, dieser Baum schützt uns vor Regen,
rück ganz dicht ran an mich,
ich werde jeden Tropfen Regen in Deine Hände legen.

13

Da ragt ein Wunsch in mich hinein

Da ragt ein Wunsch in mich hinein
und wurzelt tief
und weckte all mein Denken,
der Wunsch, von Dir gebraucht zu sein,
ein Traum, der mich beschlief,
mein ganzes Wollen Dir verschenken.

Mit Dir zusammen alles Tun
begreifen und verschwenden,
in der erlebten Fülle auszuruh'n
bewahrt in Deinen Händen.

Zusammen unser Sein verbrauchen,
verschmücken ineinander und verkrallen,
verleben und verhauchen,
bis wir wie buntvermalte Blätter fallen.

Nicht den geringsten Teil

Nicht den geringsten Teil
möcht ich von Dir vermissen,
mich Dir dem Wolkenbruche gleich
ergießen
und unbeherrscht wie die Narzissen
durch frostgetränkten Boden schießen.
Mit vollen Händen,
wie die Blumenblüten,
mich Dir verschwenden
und Deine Sonne sein, Dich zu behüten.
Mich Dir ergeben,
mit Dir leben,
jeden Hauch von Dir erspüren,
in Dich verlieren,
mich verschenken,
in Dich vermalen,
wie die Sonnenstrahlen
in einem Meer von Blüten sich versenken.

Schließ ich die Lider

Schließ ich die Lider,
fort tragen mich Winde,
sanft in Wolkengefieder.
Nichts, was ich wiederfinde.
Nur noch ein Blick,
vorbei an allen,
Wolke in einem Stück,
sich festzukrallen.

Wie Wasser, das fällt,
vertropfen die Stunden.
Nichts, was mich hält.
Alle Farben verschwunden
im schlafenden Regen.
Fallen im Schweben
der Ferne entgegen
die Leere verleben.
Vorbei an allen
und bleibt zurück,
im Fallen, im Fallen
ein Blick nach dem Glück.

Da war mal eine Maus,
die lief aus ihrem Haus
ganz einfach raus.

Sie lief 'ne kurze Zeit
bis zu dem Punkt Glückseligkeit,
war gar nicht weit.

Dann lief sie dieses Stück
genauso schnell zurück
vor lauter Glück.

Zurück zu ihrem Haus,
ins Loch, guck her, so klein,
da kroch sie rein.

Für Friederike

Ich sitze hier an diesem Tisch
und esse ——
ne, falsch geraten,
Blumenkohl und Gänsebraten,
und Du dachtest, ich eß Fisch.

Der Blumenkohl ist gut und frisch.
Morgen eß ich ——
wieder voll daneben,
morgen wird es Kotelett geben,
und Du dachtest, morgen Fisch.

Für Sonntag lad ich Dich zu Tisch.
Kann ich Dich um 12 erwarten?
Dann gibt es ——
nein, nicht Gänsebraten,
ne, wenn Du kommst, gibt es Fisch.

Wenn ich, doch das bleibt abzuwarten,
keinen frischen Fisch erwisch,
kommt auf den Tisch, na —— ?
falsch geraten,
kein Kotelett nicht, kein Gänsebraten,
dann gibt es, na, was meinst Du wohl?
Doch nicht schon wieder Blumenkohl,
denkst Du, daß ich Dir Reste misch?
Nein, Fisch doch nur, wenn der Fisch frisch.
Es ist doch wirklich leicht zu raten.
Wenn Du kommst, gibt es ——
Spiegeleier!

Amseln, Drosseln, Lerchen, Finken

Amseln, Drosseln, Lerchen, Finken,
alle mal zusammen winken,
Ton angeben, stell Dir vor,
das gäbe einen Chor!

Frösche, Quappen, Molche, Kröten,
alle mal zusammenflöten,
und dann frei und unbeschwert,
das gäbe ein Konzert!

Kühe, Schafe, Schweine, Affen,
alle mal zusammenschaffen,
Taktstock heben, Gläser füllen,
das gäbe ein Brüllen!

Hummeln, Bienen, Fliegen, Mücken,
alle mal zusammenrücken,
Einsatz geben, Ton vorbrummen,
das gäbe ein Summen!

Kastanien, Eichen, Buchen, Linden,
alle mal zusammenfinden,
untereinander Blätter tauschen,
das gäbe ein Rauschen!

Kanonen, Panzer, Bomben und Raketen,
alle mal zusammentreten,
und verschwinden, aber leise,
das gäbe doch die schönste Weise.

Da war ein Elefant

Da war ein Elefant,
den ich am Strande fand,
genau wie ich verwirrt,
er hatte sich verirrt,
er wollte mit der Straßenbahn
mal kurz bis nach Australien fahr'n.

Da war ein Schaf,
das ich im Wasser traf,
ich wunderte mich wirklich sehr,
es schwamm von dort nach da und quer
und war ganz schön am Schnaufen,
es wollte Schlittschuhlaufen.

Da war ein Krokodil,
das von der Leiter fiel,
ich war zuerst entsetzt,
doch war es unverletzt,
es wollte auf die Leiter steigen,
um seiner Frau die Welt zu zeigen.

Da war eine Giraffe,
mit der trank ich mal Kaffee,
nachdem das Personal
uns schließlich doch befahl,
das Cafe zu verlassen,
trank sie noch vierzig Tassen.

Da war die Nilpferdmutter
mit mir in einem Kutter,
wir wollten eine Pauke klauen,
um ordentlich mal draufzuhauen.
Nachdem wir es geschafft,
hat sie mit aller Kraft
nur einmal einen Schlag gemacht
und davon bin ich aufgewacht

Kann ein Nashorn sich die Nase putzen?

Kann ein Nashorn sich die Nase putzen?
Kann ein Nilpferd sich rasieren?
Ein Walroß sich den Schnauzbart stutzen?
Kann ein Eisbär auch erfrieren?

Können Fische auch ertrinken?
Geben Tausendfüßler sich die Hand?
Können Vögel mit den Flügeln winken?
Kriegen Kühe Sonnenbrand?

Müssen Küchenschaben allen Abwasch machen?
Sieht ein Grünspecht auch mal rot?
Dürfen Weinbergschnecken lachen?
Macht ein Neuntöter auch schon sieben tot?

Müssen Büffel ewig büffeln?
Müssen Schlangen Schlange stehen?
Müssen Bullen immer schnüffeln?
Können Schollen platt verstehen?

Müssen Spinnen Spinner sein?
Kann ein Wal auch wirklich wählen?
Was nimmt ein Hai zum Highsein ein?
Müssen Frösche Leichen zählen?

23

Können Schweine Witze reißen?
Trinken Gänse Wein dabei?
Können Ziegen Peter heißen?
Kriegen Affen hitzefrei?

Müssen Zebras Streife laufen?
Kann eine Grille Würstchen braten?
Wo können Gänse Blümchen kaufen?
Und wo die Affen die Theaterkarten?

Kann den Löwen Zahnweh plagen?
Können Tauben Schlagzeug spielen?
Kann ein Schäfchen Wolkenbrüche tragen?
Können Katzen Augenblicke fühlen?

Können Elefanten mit dem Rüssel küssen?
Müssen Schleiereulen Trauer tragen?
Ach, ich möcht so vieles wissen,
wen kann ich denn bloß mal fragen?

„Ich," sprach der Spatz zu dem Fasan

„Ich," sprach der Spatz zu dem Fasan,
„bewundere Dein Federkleid."
Doch der Fasan sah ihn nicht an,
er dachte nur, der tut mir Leid.

„Was mich vor allem an Dir reizt,
ist an dem Kopf Dein roter Fleck,
und wenn Du Deine Flügel spreizt,
ganz einfach toll, dann bin ich weg.

Ich habe neulich in zwei Pfützen.
versucht zu imitieren Deinen Schick,
doch selbst Dein Vorbild kann nichts nützen,
mich macht das Federstrecken dick."

In dem Versuch, ihn abzuwimmeln,
grinste der Große:„Ach, was soll der Schmalz."
Der Spatz fuhr fort, ihn anzuhimmeln:
„Du hast so einen schönen Hals.

Ich bin entzückt, wenn ich Dich sehe,
Deine Stimme hat so etwas Tolles."
Den Fasan störte diese Nähe:
„Hau ab, du Spatz, ach komm, was soll es."

„So voller Würde ist Dein Gang,
ich könnte, wenn Du es erlaubtest,
Dir zusehen, ein Leben lang."
Der Fasan stand da erhobenen Hauptes.

Da fiel ein Schuß und traf genau,
der Spatz flog schnell auf seinen Baum,
und sah sich an, so grau in grau,
und dachte still, schon aus der Traum.

Wir sind gewohnt, mit Schwund zu leben

„Wir sind gewohnt, mit Schwund zu leben."
quakte der Frosch, vorsichtig äugend aus dem Graben,
„doch jede Planung geht daneben,
weil wir keine Tümpel haben."

„Was," sprach der Storch,„ soll ich noch sagen."
Und seine Traurigkeit sah man ihm an.
„Wenn meine Kinder über Hunger klagen,
und ich nichts für sie finden kann."

„Wir produzierten stets im Überfluß,"
sagte die Mücke,„ und wir hielten Wort,
weil einer sich ja opfern muß,
doch das, was jetzt geschieht, ist Mord."

„Ach, die Chance zu überleben,"
seufzte der Wurm und seine Augen waren feucht,
„die ist heute kaum gegeben,
wo gibt's noch Erde unverseucht?"

„Uns," sprach der Star,„ ist auch nicht wohl dabei,
wenn auf dich wir unsre Schnäbel senken,
um dich zu fressen, lieber Freund, verzeih,
haben wir jedes Mal Bedenken."

„Die meisten Blüten, die sind leer."
sagte die Biene voller Trauer,
„wo kriegen wir nun Nahrung her,
keine Hoffnung auf die Dauer."

„In unserm Staat gab's keinen Zank,
weil wir Ameisen unsre Pflichten haben,
jetzt melden täglich tausende sich krank,
und sterben weg und wir, wir müssen sie begraben."

„Ich hab die Eier so behütet,"
weinte die Ente, „und es waren sieben.
Ich habe tagelang gesessen und gebrütet,
doch sind sie alle totgeblieben."

„Was unsre Art erschreckend dezimiert,
das sind die Angelhaken nicht."
stöhnte der Fisch, vollkommen ölverschmiert,
und Tränen rollten über sein Gesicht.

„Es macht kaum noch Spaß zu singen,"
schluchzte die Amsel, tränenschwer,
„wohin man kommt um Freude bringen,
gibt's die Verwandtschaft gar nicht mehr."

„Warum vermiest man uns das Leben?"
fragte der Spatz, ganz traurig im Gesicht.
„Soll es uns denn nicht mehr geben?
Mögen die Menschen uns denn nicht?"

Ein Floh

Ein Floh,
der macht das so:
setzt sich auf Deinen Po,
oder auch anderswo,
und sticht Dich – so.

Danach ist so ein Floh
ganz furchtbar froh.
Der Stich ist ihm geglückt.
Du hast ihn nicht erdrückt.
Er hat sich gestärkt,
Du hast noch nichts gemerkt.

Der Floh macht einen Satz
an einen andren Platz,
begibt sich dort zur Ruh,
schließt seine Augen zu,
und was machst Du?

Du kriegst einen Schreck,
erst jetzt spürst Du was geschah.
Der Floh ist weg,
der Stich ist da!
Du hörst nicht sein Schmatzen,
du könntest platzen
und beginnst zu kratzen.

Der Floh
träumt irgendwo
ganz unbewegt und überlegt
und trifft die Wahl.
wo er das nächste Mal
vergnügt und still, Dich stechen will.

Ich möchte gern ein Vogel sein

Ich möchte gern ein Vogel sein,
mich erheben
und flattern und fliegen und schweben,
und ganz ganz oben, winzigklein,
über den Wolken oder daneben
und über allem.
Und dann fallen
zu den Blättern, den bunten,
ganz unten
im Tal.
Ob nun als Adler, Spatz oder Kräne,
das wäre mir ganz egal.
Und wärst Du dann in meiner Nähe,
oder ich sähe Dich in der Ferne,
würde ich mich in die Lüfte schwingen
und dann, so gerne, so gerne,
nur singen, singen, singen, singen.

Na, was kann ich für Sie tun?

Na, was kann ich für Sie tun?
Was darf es denn heute sein?
Frische Leber, frisch vom Huhn,
ich pack Ihnen mal was ein.

Butter ist ja sehr gesund,
war schon früher auch schon so.
Nehmen Sie man gleich zwei Pfund,
braucht man immer, sowieso.

Von dem Sonderangebot,
tut mir leid, ist nichts mehr da,
nehmen Sie man Vollkornbrot,
ist auch frischer, ist doch wahr.

Probieren Sie doch einfach mal
diesen Käse, täglich frisch,
oder hier, nur erste Wahl,
sieben Sorten Dosenfisch.

Ich mag ja am liebsten Trauben,
und die werd'n gekauft, sag ich,
ja, das können Sie mir glauben,
frischer geht's nun wirklich nich.

Ich werd Ihnen vom Aufschnitt schneiden,
diese Sorten schmecken fein,
ich gebe Ihnen mal von beiden,
ich sag immer, frisch muß sein.

Mein Mann mag ja gerne Nieren,
obwohl er's auch mit ihnen hat.
Den Grünkohl sollten Sie probieren,
echte Frische, jedes Blatt.

Wenn Sie dieses Fleisch einfrieren,
haben Sie immer frische Sachen,
sehen Sie mal, hier vom schieren
können Sie frische Suppe machen.

So, jetzt woll'n wir mal addieren,
was haben Sie denn nun gehabt,
die Wurzeln sollten Sie probieren,
können Sie essen, ungeschabt.

Sind nicht einmal hundert Mark,
können Sie ja noch was sparen,
vielleicht doch noch zwei Pfund Quark,
ich hab ja nur frische Waren.

Sie wissen ja im Fall des Falles
kann ich alles frisch besorgen.
Tschüs denn, haben Sie auch alles?
Ganz schön frisch der Wind heut morgen.

Hoffentlich muß ich nicht wieder

Hoffentlich muß ich nicht wieder
mit Lotte Wulf den Tango schieben,
sie kennt fast alle diese Lieder
und singt sie mit so übertrieben.

An Karla Beck, das scheint mir klar
komm ich bei diesem Mal nicht ran,
was möglich war im letzten Jahr
doch diesmal kommt sie wohl mit Mann.

Was mach ich bloß, wenn wie im letzten Jahr,
die Bürgermeisterfrau mich fragt,
die rote Ziege,
schlag ich sie aus, lauf ich Gefahr,
daß ich die Baugenehmigung nicht kriege.

Das ganze Jahr liegt man im Streit
darum muß ich mit Otto an den Tresen,
nach 5,6 Korn ist es so weit,
wir sind die besten Freunde stets gewesen.

Die Nähe von Karl-August werd ich meiden,
politisch sind wir andersrum,
auch kann ich seine Frau nicht leiden,
die ist zwar schön, doch sabbelt dumm.

Wer mich bei Damenwahl wohl fragt?
Ich fürchte, daß mich Meta wieder winkt,
obwohl ich ihr doch schon so oft gesagt,
daß sie entsetzlich aus dem Halse stinkt.

Und wenn ich dann mit Bertha schmuse,
was möglich ist bei Rumbaklängen,
spür ich, wie sie durch ihre Bluse
versucht bei mir sich aufzudrängen.

Und hoffentlich kommt mir nicht Heinz zuvor,
wie es beim letzten Ball passierte,
ich war wirklich kurz davor,
da nahm er sie, obwohl ich 7 Biere investierte.

Den Tanz mit Heike laß ich aus,
der Verzicht fällt mir zwar schwer,
die hat drei Kinder und ein großes Haus,
ihr Mann ist tot, und die will mehr.

Ja, was muß ich noch bedenken:
ich muß Brunhilde ihren Mann
nicht vergessen, ordentlich ein einzuschenken,
damit er wieder nichts mitkriegen kann.

Um nicht in Schwierigkeiten zu geraten,
plan ich sorgfältig vorher mit Bedacht,
dann kann von mir aus das Ereignis starten:

Ball im Dorfkrug, Freitagabend, ab halb 8!

Ich geh' nachher zu Hertha hin

Ich geh' nachher zu Hertha hin,
sie ist, wie ich, auch ganz allein,
und weil ich ja nun Rentner bin,
kann ich ihr gern behilflich sein.

Sie kann sich ja nicht mehr so bücken,
doch sonst ist sie noch gut in Form,
sie kann fast alles noch allein bestücken,
und sieht noch gut aus, so von vorn.

Ich helf' ihr zwischen ihren Beeten
oder wo sonst sie Hilfe braucht,
beim Graben oder Unkraut jäten,
weil das, wie sie sagt, sie so schlaucht.

Erst wollte sie mich ja entlohnen,
da hab' ich ganz strikt nein gesagt.
Ich helf' ihr, so kann sie sich schonen
und ist dann abends nicht so abgeplagt.

Sie kocht auch Kaffee für uns beide,
mit einem bißchen Rumverschnitt.
Vielleicht, daß ich mich heut' entscheide
und bring' mal einfach Kuchen mit.

Als ich den Rasen ihr gemäht,
platzte ein Knopf von meiner Hose,
den hat sie mir fix wiederangenäht,
auch noch ein' andern, der war lose.

Wir kommen uns so ja auch näher.
Ich freu' mich immer richtig drauf.
Ich geh' schon eine Stunde eher
und sie macht mir die Pforte auf.

Auch so beim Laub zusammenfegen
kann ich es ganz deutlich spüren,
wie sich in mir Gefühle regen,
sie könnte mich noch glatt verführen.

Morgenabend soll ich rüberkommen.
Wir woll'n zusammen Fernseh' sehen.
Ich habe mir vom Alte-Herren-Turnen frei-
                                    genommen
und werd' mit Blumen rübergehen.

Warum, wenn ich bei mir so überlege,
hab' ich sie früher nicht beachtet;
sie ist noch wirklich gut zuwege,
noch gut in Schuß, mal so betrachtet.

Bei ihr ist, wie soll ich es sagen,
noch alles dran und auch vital.
Ich könnte sie direkt so fragen.
Naja, mal seh'n, beim nächsten Mal.

Nun ist ja bald Gemeindewahl

Nun ist ja bald Gemeindewahl,
Hans-Otto hat mich informiert,
ich habe nur im Stillen mal
schon überlegt und aussortiert.

Das ist das Schöne an den Wahlen,
was ich so demokratisch find,
ich kann den anderen heimzahlen,
was sie mir so schuldig sind.

Franz Meyer, ne, den wähl ich nicht,
der hat nicht einen ausgegeben,
ich mein, ich bin nicht drauf erpicht,
doch find ich, das gehört sich eben.

Ob Hannes wohl auf meine Stimme lauert?
Der ist nicht schlecht als Mauermann,
der hat meinen Stall gemauert,
doch weiß ich nicht, was der politisch kann.

Und Wilhelm muß ich mir noch überlegen,
der redet viel von Umweltschutz,
anstatt den Bürgersteig zu fegen,
und nicht nur da liegt bei ihm Schmutz.

Demokratie gehört aufs Land,
ich laß mir dies Gefühl auch nicht vermiesen,
ich hab die Kandidaten in der Hand,
sie sind auf meine Stimme angewiesen.

Wähl ich Karl-Heinz und das kommt raus,
krieg ich Ärger mit Hans-Peter,
der leiht mir sicher nichts mehr aus,
ja, falsch gewählt, das rächt sich später.

Wähl ich Hans-Peter wird Franz-Otto schnauben,
und umgekehrt ist's ebenso,
das kann ich mir auch nicht erlauben,
die Freundschaft wackelt sowieso.

Beim letzten Mal war Calli sauer,
er fand meine Wahl gemein,
deswegen bin ich diesmal schlauer,
bei dieser Wahl wähl ich geheim.

Ach, und dann die Kandidaten
aus der Verwandtschaft meiner Frau,
die auf meine Stimme warten
und die nehmen's so genau.

Vor allem Vetter Theophil,
als rechter Querolant verschrien.
Doch steht die Erbschaft auf dem Spiel,
die Augen zu und Kreuz auf ihn.

Hans-Friedrich ist kein Demokrat,
im Auge nicht der Bürger Wohl im ganzen,
weil der schon was dagegen hat,
schmust man mit seiner Frau beim Tanzen.

Vielleicht komm ja noch Sonderangebote,
ich streich dein Haus, wenn du mich dann,
das gibt der Wahl die ganz private Note,
mal seh'n, was ich noch reparieren lassen kann.

Ich geh, wie immer bei Gemeindewahlen,
die Tage vorher in den Krug,
weil dann die Kandidaten zahlen,
da krieg ich Bier und Schnaps genug.

Gestern hab ich zehn Körner abgekannt,
fast hätt ich die Entscheidung schon getroffen,
bei mir lag Otto Körner klar in Front,
heut bin ich wieder völlig offen.

Für heuteabend hat mich Franz gefragt
ob er mich überzeugen dürfe.
Ich hab für halb acht zugesagt,
mal seh'n, was ich an Argumenten runterschlürfe.

Für mich ist diese Wahl ein Fest,
ich wähle den, ganz ohne Frage,
der folgendes Gesetz erläßt:
Gemeindewahlen alle 14 Tage.

Kreisparteitag

Da sitzen sie nun delegiert,
Hallo, Du auch, wie geht's denn Fragen,
mit Schlips und ohne, gut sortiert,
doch jeder mit den gleichen Unterlagen.

Die Prominenz kommt etwas später,
daß man bemerkt sie im Gewühle,
das Durcheinander wird konkreter:
Es fehlen etwa 20 Stühle.

Begrüßungsworte sind nicht zu vermeiden:
Genossen, Freunde, Demokraten,
nach eigenem Gewissen frei entscheiden:
Wer will zum Mittag Sauerbraten?

Zur Tagesordnung übergehen,
dem Vorsitzenden Vortritt lassen.
Kann man ihn überall verstehen?
Er will ganz kurz sich fassen.

Ja, wir müssen, ganz energisch, widersprechen,
was wir können, wenn wir wollen, daraufdringen,
Wähler zeigen, respektieren, Lanze brechen,
ja und dann vor allen Dingen.

Beifall dröhnt von dem Gestühl,
Gefühl kommt auf und füllt den Saal,
die Losung schiebt sich durchs Gewühl:
Wiederwahl, ja Wiederwahl.

Der Vorstand sieht erleichtert aus
und akzeptiert das Wahlbegehren
und übergibt den Blumenstrauß
und eine Flasche Trockenbeeren.

Dankesworte von da oben:
Gemeinsam fest zusammenstehen,
Ziel im Auge, Vorstand loben,
ich muß erstmal pinkeln gehen.

Absprachen auch an diesem Orte,
so'n bißchen stinkt's nach Wahlvergehen,
offne Hose, offne Worte,
Kritik darf nicht im Raume stehen.

Im Saal hängt die Verdauungsschwade
schwer lastend auf Entspannungsfragen,
und wie das Schwein die Karbonade
verspricht ein jeder seinen Teil zu tragen.

Eindringlich wiederholt man schon Gesagtes,
zusammen auf die Zukunft bauen,
was gewesen, man beklagt es,
jetzt heißt es nur nach vorneschauen.

Schritt nach vorne, Anfang wagen,
Problem erkennen und erhellen,
um zur Entspannung beitragen,
ach ja, noch mal ein Bier bestellen.

Die ersten Delegierten lallen,
und auch die Rednerliste ist schon voll,
Kritik ist längst untern Tisch gefallen,
was auch die Abstimmung noch soll.

Um zehn ist alles dann zuende.
Die Frauen packen ihren Strickstrumpf ein,
nach Vorneschauen bringt die Wende,
das soll auch ihre Masche sein.

Ich schwanke rüber an den Tresen,
zahl meine 13 Biere und den Korn,
empfinde, es ist schön gewesen
und blick nur noch nach vorn, nach vorn.

Geliebte Tante Erika!

Wir haben Deinen lieben Brief bekommen.
Natürlich bist Du uns willkommen,
das heißt, mehr noch,
wie immer ganz von Herzen,
weißt Du doch.

Auch, daß Du dieses Mal,
so wie Du schreibst,
für ganze sieben Wochen bleibst,
erfreut uns sehr,
denn Dein Besuch vor 14 Tagen
ist ja schon so lange her.

Du brauchst wie immer, liebe Tante,
vor allen Dingen,
wieder nicht daran zu denken,
für uns etwas mitzubringen,
denn, wie Du sagst, sind wir Verwandte
und was soll man denen schenken,
das Geld gibt man nur unnütz aus,
das kann man sparen,
und außerdem, der Trockenblumenstrauß,
den Du geschenkt vor 20 Jahren
sieht immer noch ganz ordentlich aus.

Ist wirklich wahr, doch, doch,
und dieses Loch, geliebte Tante,
das Deine Zigarre, wie's jedem mal passiert,
in unsern neuen Teppich brannte
ist repariert,
nicht, daß das Dir noch Sorgen macht.

Auch Sessel, Stuhl und Gartenbank,
mit denen Du – dem Himmel dank –
ohne Dir den Hals zu brechen durchgekracht,
sind wieder heilgemacht.
Was konntest Du dafür!
Natürlich auch die Tür,
nicht Deine Schuld, wie Du beteuert,
ist erneuert.

Wir freu'n uns liebe, liebe Tante, sehr,
daß Du schon wieder bald in uns'rer Mitte,
um zu genießen Dorfes Stille.
Nur diese kleine Bitte:
Vergiß diesmal nicht Deine Brille
damit Du Dich nicht wieder so verletzt,
weil, alle Fensterscheiben sind ersetzt,
und denk' daran, wir haben einen Teich im Garten,
und uns're Katze ist kein Hühnerbraten,
man steckt nicht die Gardinen an

damit man besser sehen kann,
und lauf nicht immer nackt herum,
selbst uns're Nachbarn bitten drum,
und friß nicht Knoblauch jederzeit,
und trink statt Wodka auch mal Brause,
und laß, wenn's geht, nach Möglichkeit,
Dein Schlauchboot auch zu Hause!

Und steck Deine Policen ein,
für Haftpflicht, Unfall, Leben,
dann würde es uns möglich sein,
passierte Dir hier ein Malheur,
was selbstverständlich Schicksal wär,
den Schaden zu beheben.

Wir freu'n uns fürchterlich auf Dich,
und können's kaum erwarten.
Und auch die Kinder freuen sich,
sie lieben Dich, das weißt Du doch.
Noch spielen sie im Garten.
Der Karl, der gräbt ein tiefes Loch,
der Klaus, der spannt ein festes Seil
an des Loches Kante,
Carola schleift das neue Beil,
bis dann, leb' wohl, geliebte Tante!

Nasen putzen, Lieder singen

Nasen putzen, Lieder singen,
was gibt es Schöneres auf Erden,
als kleinen Kindern beizubringen,
groß zu werden.

Und zwischendurch —
ein Knöpfchen suchen.
Es fiel unter eine Bank.
Ohne Fluchen tief sich bücken.
Knopf nicht da, wohl unterm Schrank.
Also, den zur Seite rücken.
Da ist das Knöpfchen, gottseidank.

Nein, der Knopf, das ist nicht meiner.
Also geht das Suchen weiter.
Und nebenbei —
oh Schreck, der Rainer,
steht ganz oben auf der Leiter,
brüllend: Seht mal her,
jetzt bin ich groß,
und singt: "Wenn ich ein Vöglein wär",
dann läßt er los.
Mit 'ner Rolle gehechtet zwischen zwei Tischen
und Doppelachsel übers Klavier,
kann die Leiterin ihn gerade noch erwischen,
es fehlen nur zwei Zähne bei ihr.

Die Kinder klatschen in die Hände,
nun wollen es alle probieren.
Zwischendurch neue Brote beschmieren,
mit Marmelade zum Bemalen der Wände.
Wilhelm muß wieder aufs Töpfchen,
und bei Lisa laufen die Tränen,
und der Rest sucht weiter das Knöpfchen
und gleichzeitig auch nach den Zähnen.

Und Karlchen will endlich nach Hause,
zu Mamma und Fernsehen glotzen.
Meta hält Sagrotan für 'ne Brause,
die Kinder bewundern ihr Kotzen.

Und Hänschen sucht in der Vase
nach den Zähnen und nach dem Knöpfchen,
das Wasser im Glase
gießt er Mariechen aufs Köpfchen.
Die schreit, er habe ihr wehgetan
und bohrt ihm 'nen Bleistift ins Näschen.
Kläuschen nimmt still sich den Lebertran
und gönnt sich ein weiteres Gläschen.

Klein-Fritzchen zieht Hilde am Zöpfchen
und sagt, miese, fiese Ziege biste
und Lotti findet ein Knöpfchen,
doch ist es nicht das vermißte.

Und zwischendurch —
während sie Schränke, Stühle, Bänke zur Seite schaffen
und der Peter das Fritzchen verhaut,
brüllt die Bande das Lied von den Affen,
wer hat die Kokusnuß geklaut.

Die Leiterin, ihre Knie sind wund,
verschwitzt von oben bis unten vom Bücken,
singt aus voller Kehle und offenem Mund,
das heißt, sie pfeift so mehr durch die Lücken.

Hinter und unter und auf dem Schrank
suchen alle, nur nicht das Kläuschen,
der sitzt still verschmitzt auf der Bank
und verlangt kategorisch ein Päuschen.

Nach Schokolade, Brause und Kuchen
geht wieder das Suchen los.
Die Leiterin ist nur am Fluchen:
Wo sind meine Zähne bloß?

Sie weiß nicht, was sie noch machen soll,
ein weiterer Zahn wackelt sich lose.
Sie hat die Nase gestrichen voll
und Carola die neue Hose.

So zwischendurch und so nebenbei,
am Abend steht fest das Ergebnis:
Zähne und Knöpfchen weg, Mobiliar entzwei,
ein alltägliches, ganz normales Erlebnis!

Morgen soll es dann weitergehen.
(Tina vermißt schon vom Stiefel ein Bändchen)
Bis morgen, seid brav, Tschüs, Auf wiedersehen.
Man schüttelt sich Händchen.
Nur nicht das Schlitzohr, das Kläuschen,
der macht ein Fäustchen.

Ein Regenwurm verbrachte seine Langeweile

Ein Regenwurm verbrachte seine Langeweile
mit dem Gedanken, was zu tun.
Er überlegte lange.
Regenwürmer kennen keine Eile.
Entschied sich dann, erst einmal wieder
auszuruhn,
um danach dann, mit mehr Elan
zu tun, was er gewünscht,
schon lange hätte gern getan.
Er ruhte wieder eine Zeit,
daß heißt, wie immer, eine lange Weile.
Regenwürmer haben keine Eile.
Er wollte ein Problemchen lösen,
denn immer nur so rumzudösen,
war ihm auch nicht angenehm.
Nur was? Das war ja das:
Regenwürmer haben kein Problem.
Doch dann entschied er sich
und kroch,
zögerlich noch,
vor und zurück,
so Stück für Stück, wie's Regenwürmer Technik ist
Regenwürmer kennen keine Eile.
Und außerdem sind sie auch bange.
Ein Vogel sah, wie er so kroch
und überlegte nicht so lange.
Was blieb vom Wurm? Naja, das Loch.

Die Pusteblume Löwenzahn

Ach, es ist ja so gemein,
uns stuft man als Unkraut ein.
Löwenzahn, sagt man verächtlich,
was soll daran Schönes sein?
Löwenzahn im Rasen stört,
und das ganz beträchtlich,
das ist es, was man hört.

Selbst in des Gartens leere Ecken
dürfen wir uns nicht verstecken.
Wer immer sich dahin verkrochen,
wurde ganz einfach abgestochen.

Rosen, Tulpen und Narzissen
werden umhätschelt und gepflegt.
Wir werden, ruckzuck, rausgerissen
und dann auf den Müll gelegt
oder auf den Mist geschmissen.

Überall auf Schritt und Tritt
hören wir nur: raus damit.
Niemand bewundert uns're Blüte.
Löwenzahn? Oh Gott, behüte.

Wir geben nicht genügend her,
and're Blumen sind modern,
uns're Schönheit ist zu schlicht.
Nur das Kaninchen schätzt uns sehr,
es hat uns zum Fressen gern.
Nur wahre Liebe ist das nicht.
So ein Gelb, so satt wie Butter
und dann nur Kaninchenfutter!

Jeder Blume gibt man Schutz,
uns behandelt man wie Schmutz,
wie den allerletzten Dreck.
Löwenzahn muß immer – weg.

Selbst für die kleinen Kinder
sind wir als Pusteblume "out".
Dabei sind wir die Erfinder,
wir haben als erste Fallschirme gebaut,
uns hat man das Patent geklaut.

Wir brauchen nicht den Duft der Rosen
und nicht der Tulpen Stolz
und ihre zickigen, stocksteifen Posen,
wir sind aus and'rem Holz.

Wir woll'n auch nicht in Vasen
wie Rosen, Tulpen, Nelken.
Wir wollen in den Rasen,
dort blühen und verwelken.

Wer kann, ohne Dünger, strotzen
mit diesem Gelb im Sonnenlicht?
Wir wollen gar nicht damit protzen,
doch gelber geht es wirklich nicht.

Das schönste Gelb ist nicht gefragt;
wir seh'n das zwar nicht ein,
doch, daß ihr zu uns Unkraut sagt,
das finden wir gemein.

Brief des Hetlinger Storches vom 2.4.87
an seine Frau in Afrika

Geliebte,
ich muß mich beeilen,
verzeih, ich bin noch ganz benommen.
Darum nur schnell Dir diese Zeilen,
ich bin gesund hier angekommen.

Wie immer war der Flug beschwerlich,
doch als ich lande, welcher Schreck,
es ist kein Scherz, nein, wirklich, ehrlich,
stell Dir mal vor: das Nest ist weg!

Ja, unser Nest, in dem seit Jahren
— wie lange kennen wir uns jetzt? —
wir glücklich und zufrieden waren,
verschwunden, weg, ich bin entsetzt.

Dabei bin ich so schnell geflogen,
ab Emden/Weser ohne Pause,
ich fühlte mich so hingezogen,
nur ein Gedanke: gleich zuhause.

Und dies Gefühl, das dich erregt,
dies Kribbeln tief im Magen,
weil nur die Frage dich bewegt:
Was wohl die Menschenkinder sagen.

Als ich voll Freude landen will,
kein Jubel und kein Fest.
Ich saß allein und war ganz still.
Wie stolz war'n wir aufs Nest.

Ich versteh die Welt nicht mehr.
Wollen die nicht, daß wir erscheinen?
Verzeih, ich mach Dein Herz nur schwer,
bitte, hör auch Du auf zu weinen.

Und bleib noch, wo Du bist.
Und sorg Dich nicht um mich.
Ich werde seh'n, ob möglich ist,
daß ich ein neues Plätzchen find,
wo wir willkommen sind.
Bis bald, mein Schatz, ich liebe Dich.
Hier ist es kalt, ganz fürchterlich,
und eisig weht der Wind.

AUFRUF AN ALLE MAULWÜRFE!

GENOSSEN, NOCH IST ES NICHT ZU SPÄT!
LASST EUCH NICHT LÄNGER SCHIKANIEREN!
WIR APPELLIEREN AN EURE SOLIDARITÄT!
WIR WOLLEN DEMONSTRIEREN!
TREFFPUNKT: HALB ZEHN IM ERBSENBEET!
VON DA IN DIE KAROTTEN REIN,
EIN SCHÖNER, BREITER, LANGER GANG,
DURCH DIE GEHARKTEN SPARGELREIH'N,
UNTER DEM SALAT ENTLANG,
DURCH FRISCHE ROTE BETE SAAT
UND GERADEAUS IN DEN SPINAT,
DANN ZU DEN BOHNEN, LINKS HERUM,
DURCH KRESSE UND BASILIKUM,
UND SELBSTVERSTÄNDLICH AUCH,
DURCH PETERSILIE UND SCHNITTLAUCH,
UND MIT JUCHHE, AUFS GERADEWOHL
UNTER DEN PORREE UND DEN KOHL,
UND ZUM SCHLUSS NOCH, ABER WIE!
DURCH DIE TOMATEN UND DEN SELLERIE.

DAS WIRD EIN FEST
SO EIN PROTEST!
WIR LASSEN DAS NICHT LÄNGER ZU,
DASS MAN UNS NICHT GEWÄHREN LÄSST!
DARUM, GENOSSE, KOMM AUCH DU.
SCHLIESST UNS'RE REIHEN FEST!
MIT DEM BEKENNTNIS AUF DEN LIPPEN:
WÜHLEN, WÜHLEN, WIPPEN, WIPPEN!

Das Warzenschwein

Das Warzenschwein beklagte sich,
ja, sauer war das Warzenschwein:
„Alle dürfen, nur nicht ich.
Ich will auch in den Zirkus rein!

Es ist eine Schweinerei.
Warum läßt man mich Warzenschwein
nicht auch Artist und Künstler sein?
So gerne wäre ich dabei.
Doch mir verwehrt man gleiche Chancen
zu balancieren und zu tanzen."

Obwohl es sich nach Kräften mühte
und vor Ehrgeiz nur so sprühte
bei Salto, Handstandüberschlag,
es kriegte nirgends den Vertrag,
im Zirkus aufzutreten,
trotz Betteln und trotz Beten,
immer war die Antwort: Nein,
ein Warzenschwein kommt hier nicht rein

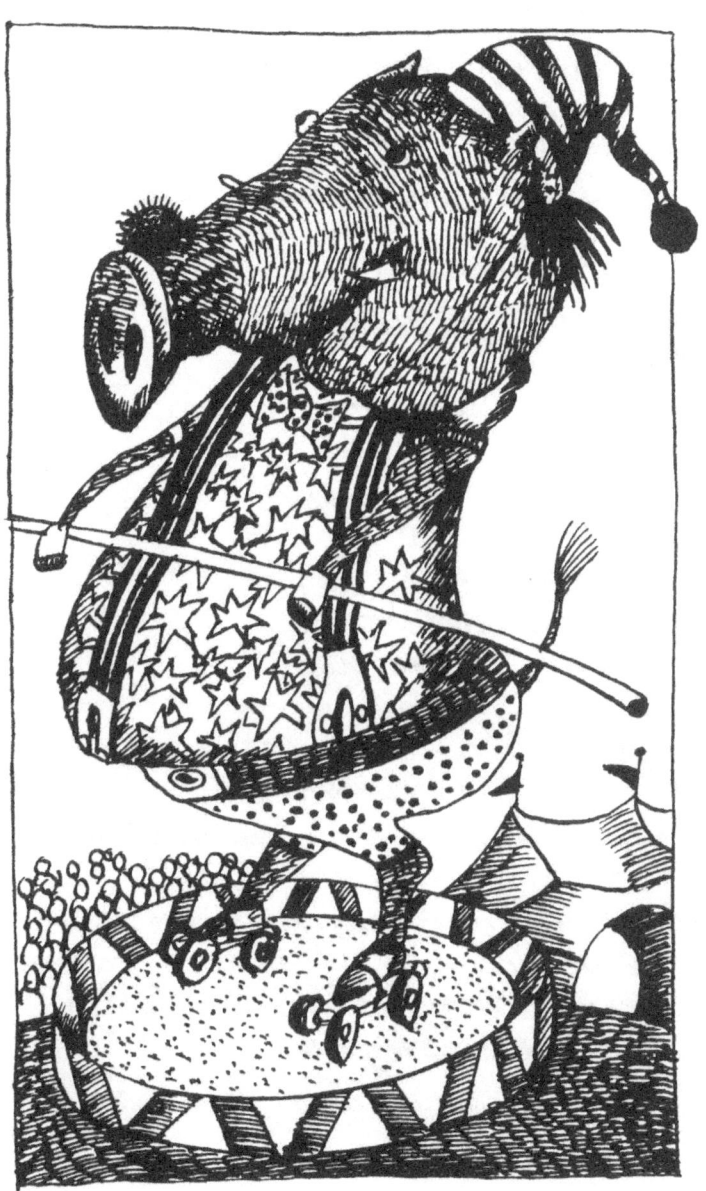

Sein Können ließ sich nicht bestreiten.
Es zeigte wirklich tolle Nummern
und bewies welche Fähigkeiten
in einem Warzenschweine schlummern.

Flog durch die Luft,
die Pfoten erhoben zum Grüßen,
dreiviertel Meter,
und landete tatsächlich auch,
nicht auf den Füßen,
nein, voll auf'n Bauch.
Und das aber wie!
Fiel, etwas später,
mit Charme und Esprit
vom Hochseil hinunter
direkt auf die Fresse!
Doch auch dafür kein Interesse.
Und für diesen Supertrick:
der Sprung durch den Feuerreifen
war es zwar ein bißchen dick,
doch mit Arsch zusammenkneifen
beflügelt von der Angst vorm Grillen
gelang es mit Energie und Willen
sich durchzuzwängen,
daß heißt, selten, oft blieb es hängen.

Und mit welcher Eleganz
mit Witz und Sex-Appeal gepaart
beherrschte es den Rollschuhtanz,
wenn es mit Affenfahrt
anstatt zu bremsen mit dem Schwanz
auf die Wand vor ihm zuschoß
und den Vortrag so beschloß;
das heißt, nicht vor, sondern genauer,
hinter der Mauer,
verschüttet von Steinen.

Es war zum Weinen.
Niemand der lachte.
Was das arme Schwein auch machte,
ins Programm kam es nicht rein.
Es sei nun mal ein Warzenschwein,
das war es, was man ihm sagte.

Selbst wenn es das Liedchen sang:
Reich mir die Hand, mein Leben,
was ihm sogar im Handstand gelang,
nur eine Oktave daneben,
sagte man, daß das auch nichts sei.
Niemand wollte ihm Händchen geben,
außerdem hatte es sowieso keine Hand frei.

Es wußte sich keinen Rat.
Wie immer bei Verzweiflungsgefühlen
und auch um die Wunden zu kühlen,
begann es in seiner Not,
das zu tun, was es immer tat,
es fing an, im Schlamm rumzuwühlen.
Da lachten sich alle beinahe tot
und fielen von ihren Stühlen
und riefen, daß diese Sauerei
was für den Zirkus sei.

Voller Freude hörte das Warzenschwein,
von Tränen und Schlamm
wie ein Dreckschwein verschmiert:
Du kommst in den Zirkus rein!
Du bist im Programm!
Engagiert! Engagiert!

Spatzenliebe

„Komm, lieber Spatz,
wir bauen uns ein Nest.
Statt immer nur so rumzufliegen,
könnten wir im Nest dann liegen."
Und was sich sonst so machen läßt,
das flüsterte er ihr ins Ohr.
Oh, Mann, was schlug er alles vor.
Die Röte stieg ihr ins Gefieder,
sie schlug die Augen sittsam nieder.

Sie kannte ihn seit nun zwei Stunden,
hatte ihn nett und chick gefunden.
Er zeigte Bildung und und Manieren,
ohne damit rumzuprotzen.
Auch sah sie so schon beim Flanieren
neidisch andre Spatzen glotzen.
Von Anfang an war es ihr klar,
daß sicher er kein Dreckspatz war,
und irgendwo so tief im Bauch
spürte sie das Kribbeln auch.
Darum zerstreute sie Bedenken,
sich ihm zu schenken.

Der lange Rede kurzer Sinn,
sie suchten einen Platz.
Sie flogen da und dort mal hin,
er nannte sie: mein Schatz,

70

mein Turteltäubchen, du mein Schwan,
du meines Lebens Zierde,
ich bin voll auf dich abgefah'n,
du meiner Lust Begierde.
Zitierte Shakespeare, piepste Liszt,
und was sonst so üblich ist,
was sich verliebte Spatzen sagen.
Auf Flügeln wollte er sie tragen
und schwor ihr ewig Treue
minutenlang aufs neue,
auf der Suche nach dem Plätzchen
für so ein Spatzenhäuschen
tirilierte er: mein Kätzchen,
mein Häschen und mein Mäuschen.
Er schenkte ihr, sie zu beglücken,
Regenwürmer, Läuse, Mücken
und was der Spatzen Speise
Sie sah darin Beweise.
Und brachte er ihr Spinnen,
war sie vor Glück von Sinnen,
was ganz besonders sie erregte,
weil zweifellos für Liebe bürgte,
wenn er sie ihr zu Füßen legte,
daß heißt, sich aus dem Schnabel würgte.

Sie fanden, wie sich denken läßt,
in den Zweigen eines Baumes
den Platz für ihrer Liebe Nest
zur Verwirklichung des Traumes
von Leidenschaft und Glück auf Erden,
es mußte nur gebaut noch werden.

71

Vom Suchen ziemlich abgehetzt,
sprach er: „Ich denk', es ist das Beste,
ich halte diesen Platz besetzt,
und du holst erst mal Äste."

Sie flog sofort zur Sache
und schleppte, was der Schnabel hielt,
er hat nur mal so hingeschielt,
sonst schob er Wache.

Und bat sie, weil er Hunger litt:
„Du süße Maus, du meines Lebens Zweck,
bringe mir ein paar Würmer mit,
ich kann ja hier nicht weg."

Sie flog wohl an die hundert Mal.
Sie schwitzte und er piepste.
Er überprüfte das Material
und lobte sie: du Liebste.

Nach Stunden war der Bau perfekt.
Erschöpft hat sie sich ungeniert
im Nest nur mal so ausgestreckt,
da ist es dann passiert.

Von der Arbeit so benommen
hat sie gar nichts mitbekommen,
nichts konnte sie verhindern und verhüten,
jetzt ist sie schon beim Brüten.

Er schaut zuweilen noch herein
und sagt: „Wie geht's, ich muß zum Feiern."
Bedauert, daß das Nest zu klein
mit all den vielen Eiern.

Nun ist er völlig weggeblieben.
Sie wischt sich Dreck von ihrem Schwanz
und zählt die Häupter ihrer Lieben
und leise sagt sie: blöde Gans.

Eintagsfliegen

Weil nur einen Tag sie fliegen,
heißen sie auch Eintagsfliegen.
Für Glück und Schmerz und Traurigkeit
haben einen Tag sie Zeit.

Nicht lang ist ein Tag
und so kurz ist ein Leben!
Da geht's Schlag auf Schlag,
ja, so ist das nun eben.

Wenn bei der Geburt,
so um fünf viertel nach,
jemand nicht spurt,
fällt der Tag für ihn flach.

Ab sechs schon denken sie zurück
an Eintagsfliegenkinderglück,
als sie noch Verstecken spielten
und nicht nach der Uhrzeit schielten.

Für alle, die danach noch leben
und nicht nach wenigen Minuten
schon am Fliegenfänger kleben
oder an der Wand verbluten
wird so gegen acht
und danach jede Stunde
Geburtstag gemacht
in fröhlicher Runde.

Mit Wurstbrot und Käse
auf Kuchen und Torte,
Kaviar, Krabben und Majonäse,
alles von der feinsten Sorte.

Und obendrauf ein Furz,
denn das Leben ist kurz.

Ab neun Uhr auf Brautschau,
Erfolg dann um zehn,
schon älter die Süße,
konnte man seh'n
Leim an 'de Füße,
zu alt für den Zweck,
um jüngere werben.
Dazwischen der Schreck:
schon am Mittag zu sterben.

Nichts kann lang dauern.
Um viertel nach zwei
den Onkel betrauern.
Um zwanzig vor drei
auch noch die Tante,
die sich im Spinnennetz verrannte.
Keine Zeit sie zu nutzen,
die Flügel zu putzen,
weil in die Geburtstagsfete
Vernichtungsmittel herüberwehte,
nur zwei überlebten dabei,
das war um Punkt drei.

Nicol angelogen,
sie mit Meta betrogen,
ganz schlechtes Gewissen.
Mit Hertha gemeinsam
ein Kissen beschissen,
sie war ja so einsam.
Das Muster war toll,
auf Susannes Trauerfete
schissen wir die Stofftapete
auch so süß voll.
Weiterbildung, Lebenskunde
für die, die mal süchtig waren,
also hin zur Info-Stunde
Vortrag über Suchtgefahren:
Wie verhindere ich Frust
und erliege nicht der Lust,
doch am Fliegenleim zu lecken?

Verdammt, ich muß Corinna wecken.
Mensch, wie konnt ich das vergessen.
Sie liegt völlig vollgefressen
schon seit drei Uhr zweiundzwanzig
auf dem Harzer Käse rum.
Kam zu spät, sie war schon ranzig.
Süßes Luder, schade drum.

Mein Gott, schon halb vier.
Wie schnell vergeht Jugend.
Komm auf's Sofa zu mir
und vergiß deine Jugend.

Um zwanzig vor vier
knapp dem Vogel entkommen.
Schnell ein Schluck Bier
und vom Käse genommen.
Vom Bier fast betrunken
nach Käse gestunken
auf der Beerdigungsfete
für Karla und Käte,
die im Kaffee ersoffen.
Verwandte getroffen,
über's Wetter gemeckert,
Scheiben bekleckert
in allen Farben.
Das Letzte, ist wahr,
man will, das ist klar,
vom Tag auch was haben.

Um fünf mit Nicol
am Schnapsglas genippt.
Sie war schon so voll
und ist reingekippt,
sah sie entschlummern
neben zwei Brummern.
Auf's Tischtuch erbrochen
ein' ganz großen Fleck,
frische Kekse gerochen
und rauf auf's Gebäck.
In den Spiegel geglotzt,
oh je, diese Falten,
alles ausgekotzt,
das Gewicht einzuhalten,
mach' jetzt Diät.
Verdammt, schon so spät.

Um viertel vor sieben
selbst in der Patsche,
Fuß eingeklemmt
in der Fliegenklatsche,
noch am Leben geblieben,
doch beim Fliegen gehemmt.

Um viertel nach acht
nichts Böses gedacht,
geschmunzelt, gelacht,
gegackert, gekichert,
nicht abgesichert,
'ne Zeitlang gepennt

— das war der Moment

Ich habe mich endlich getraut

Ich habe mich endlich getraut
und sie zu mir eingeladen.
Zum Seeschlachtenschlagen spielen,
hab ich gesagt.
Sie hat auch nicht weiter nachgefragt,
und mehr wollte ich ihr nicht erzählen.

Als sie dann kam,
brachte sie tatsächlich Seekarten mit
und Mützen von Admirälen
und Kompaß und Anker und solchen Kram.

Ich hatte das Bett neu bezogen.
Keine Nautik besorgt, nur Rumverschnitt.

Als ich sagte, sie sollte wissen,
ich hätte sie angelogen,
ich hätte Schlachten in Kissen
gemeint,
um an ihrer Küste zu stranden,
hat sie zunächst nur ein bißchen
geweint,
dann haben wir uns doch noch verstanden.

Ich sah Dich beim Nachbarn

Ich sah Dich beim Nachbarn
im Garten Äpfel stehlen.
Dem Nachbarn werde ich nichts erzählen,
der ist mir einerlei,
der kann auf sein Obst verzichten;
doch muß ich wohl der Polizei
von Deinem Tun berichten.
Wegen der Bürgerpflicht
darf man nicht schweigen.
Es ist unvermeidlich,
Diebe und Mörder und Strolche
und solche
anzuzeigen,
auch wenn sie weiblich.

Ich bin in Gewissensnot
wegen der Bürgerpflicht,
Dich anzeigen zu müssen.
Darum mein Angebot:
Dürfte ich Dich küssen,
täte ich es nicht.
Das heißt, pro Apfel einen Kuß,
weil ich mich durchringen muß
zu meinem Entschluß
nicht zu gehorchen Bürgerpflicht.
Es waren 80 Äpfel, oder nicht?

Ich mach mich zwar schuldig,
Dich nicht zu verraten,
doch werd ich geduldig
im Garten auf Dich
bis sieben Uhr warten
oder bis acht, aber länger nicht,
sonst, wie Du nun weißt,
ruft mich Bürgerpflicht!

Vom Himmel die Sterne

Vom Himmel die Sterne
aus der Taverne
den Wein,
aus dem Keller die Kohlen
wollt ich Dir holen.

Ich bin nicht in den Himmel gestiegen,
weil, Du hattest elektrisches Licht,
was Du verschwiegen,
und auch einen Ofen nicht,
und die Taverne
lag in südlicher Ferne,
und das Geld für die Fahrkarte
gabst Du mir nicht.

Die Blumen, die ich Dir zugedacht,
habe ich nicht mitgebracht,
weil ich von meinem letzten Besuch
wußte,
Du hast keine Vase und keinen Krug
und auch kein Wasser, weil das Dir
abgestellt werden mußte.

Nun steh' ich mit leeren Händen hier,
was ja nicht meine Schuld ist,
und versteh' nicht, warum Du mir,
so wie Du sagst, für jetzt und
auf ewige Zeit bös' bist.

Du wolltest Kettenkarusell

Du wolltest Kettenkarusell,
ich Achterbahn,
Du süße Mandeln,
ich Lakritz,
Du einen roten Luftballon
ich einen grünen,
ich wollte Dir 'ne Blume schießen,
Du wolltest einen Teddybär.
Wir machten nichts.
Unsere Wünsche standen quer.
Du bist nicht Karusell gefahren
und ich nicht Achterbahn,
weil wir uns stritten.
Wir gingen schweigend heim.
Nichts reimte sich.

Dann machten wir den Kühlschrank auf,
weil wir nun wirklich Hunger litten.
Ich bot Dir eine Gurke an
und fand auch Fleischsalat und Wurst
und eine Flasche Spätburgunder.
Wir löschten Durst.
Danach war alles wie Wunder.
Du entdecktest neben dem Lebertran
Pfefferminzstäbchenschlecker.

Ich spielte für Dich Geisterbahn,
Du nanntest mich Pizzabäcker.
Du mimtest die Jungfrau in Ketten,
ich den Henker von Dingsbums da an' der Lahn,
und Du fandest für mich noch Bouletten.

Und dann sind wir ins Karusell gestiegen,
und hinauf und hinab und hinunter
die Achterbahn,
ließen uns in Schiffsschaukeln wiegen
und Luftballons fliegen,
rote und grüne und bunter
als Blumen und Regenbogen.
Später, viel später, haben wir es erfahren:
Wir hatten den Teddy als Hauptpreis gezogen

Hast Du über den Vollmond gelesen?

Hast Du über den Vollmond gelesen?
Er soll böse Wesen vertreiben.
Wenn voll sein Gesicht,
kommen die Geister nicht.
Und ich weiß doch, Du fürchtest Dich sehr
vor Schantamareus, Tschakidomato und Würgedeber
oder wie sie alle heißen.
Darum bin ich froh, daß ich es gelesen,
daß der Vollmond alle vertreibt,
auch jene, die beißen
Katizikola, Wunowoula und Lowitschibibo,
der ist der schlimmste, weil unbeleibt.

Aber was, wenn der Vollmond vorbei?
Er kann ja nicht bleiben,
und diese Gespenster
schaun durch Dein Fenster?

Nun steht in dem Blatt,
und das ist wissenschaftlich,
daß auch ein Mann diese Kräfte hat,
er muß allerdings Wolfgang heißen
und Fürst sein, wie ich.
Das wie und warum, erklär ich Dir später dann,
ich habe alles genau gelesen.

Also, wenn Vollmond gewesen
und Halbmond überhaupt nichts nützt,
wie sie schreiben,
bist Du ungeschützt,
jede Nacht.
Ließest Du mich bleiben,
könnte ich sie vertreiben.
Abgemacht?

Nicht, daß mich Dein Schnarchen störte

Nicht, daß mich Dein Schnarchen störte,
zuweilen schlief ich sogar ein,
doch wenn ich dann,
kurz weggesunken,
nach einem 2 Sekunden Schlaf
erwachte,
war mein Entsetzen groß,
denn ich dachte,
daß ich Dich doch,
gedankenlos, weil schlaftrunken,
versehentlich,
ganz einfach aus dem Fenster warf.

Weil ich mich einzuschlafen nicht getraute,
blieb ich aus lauter Vorsicht vor mir
wach,
die ganze Nacht,
dicht neben Dir,
im 4. Stock,
in diesem Zimmer unterm Dach
und wartete auf Deine Laute.
Sonst hätt ich Dich doch umgebracht.

Sie wogte wenn sie wollte

Sie wogte wenn sie wollte
wie eine richtige Fregatte.
Mit diesem Busen, den sie hatte,
beherrschte sie das ganze Meer.
Und jeden Blick, den ich ihr zollte,
genoß sie sehr.

Sie war sich ihrer Brust bewußt
und wußte, daß so meine Lust
in mir entstehen mußte.

Und warf sie ihre Leinen los
mit Volldampf voraus aufs weite Meer
der Wellen Zärtlichkeit so groß
der Wogen Leidenschaft so sehr,
und ich mein Segel setzte,
war nirgends, niemals Land in Sicht,
kein Rettungsboot, kein Anker nicht,
keine Karte im Schrank,
kein Kompaß im Schiff,

kein Haken zum Entern,
zum Kentern kein Riff,
weder Sandbank, Klippe noch Küste.

Und doch des Seemanns schönste Fahrt,
gebettet, behütet, bewacht und bewahrt
im Tal ihrer Brüste.

Deine Fürsorge

Deine Fürsorge,
die sich ausdrückte
in der Besorgnis,
ich könnte fallen,
verdarb mir das sechste Bier.

Du bist mir die Beste mir,
das heißt, die Beste von allen,
und ich möchte Dir gerne gefallen.

Ich bestellte mir noch ein Bier,
vielleicht waren es auch drei,
und schrieb dies Gedichten Dir,
ohne zu lallen,
wie Du siehst,
ach ne, hörst.

Also, wenn Du mich wieder mal hörst,
und mir wieder ein Bier vermiest,
ob nun das dritte
oder an anderer Stelle
sag ich für alle Fälle =

Laß Deine Fürsorge bitte
entspringen anderer Quelle.
Weil, ich liebe Dich sehr
aber schriebe keine Gedichtchen Dir mehr.

Zeitfracht Medien GmbH
Ferdinand-Jühlke-Straße 7
99095 Erfurt, Deutschland
produktsicherheit@kolibri360.de